HAIKU Y SENRYU

La vida anda

ExLibric

MANUELA CALDERÓN MARÍN

HAIKU Y SENRYU

La vida anda

EXLIBRIC

ANTEQUERA 2017

HAIKU Y SENRYU *La vida vida*
© Manuela Calderón Marín
Diseño de portada: Dpto. de Diseño Gráfico Exlibric

Iª edición

© ExLibric, 2017.

Editado por: ExLibric
c/ Cueva de Viera, 2, Local 3
Centro Negocios CADI
29200 Antequera (Málaga)
Teléfono: 952 70 60 04
Fax: 952 84 55 03
Correo electrónico: exlibric@exlibric.com
Internet: www.exlibric.com

ISBN: 978-84-18912-83-2

MANUELA CALDERÓN MARÍN

HAIKU Y SENRYU

La vida anda

ÍNDICE

PRÓLOGO

¿Es fácil elaborar un prólogo, alabar las virtudes de quien con su mejor acierto y empatía hace trasladar a un receptor desconocido, su vida, sus experiencias, su capacidad narrativa para escribir un poema? No, querido lector. Sería fácil si solamente te interesa la pulcritud de lo expresado con simples juegos de palabras, de experiencias creadas y vividas; pero si lo que se intenta es atrapar el sentimiento del creador, raptar su alma para llegar a lo más profundo de su ser, créanme, no es nada de simple, por el contrario, arduo y provocativo en el buen sentido de la palabra.

Todos sabemos que el lenguaje es tan antiguo y gratificante como la propia conciencia del individuo, por lo tanto es fundamental saberlo hacer llegar al receptor de un modo diferente, aun siendo lo mismo.

Por ello Manuela Calderón es única en su virtuosa manera de tratar esa simple pero transcendental poesía llamada Haiku.

Ella es una experta en la evocación de lo aludido, en esa expresión emocional y estética de hablar de la naturaleza como una fusión íntegra de deseo y desnudez de alma. Por sus versos transpira lo creado como una savia nueva capaz de transformarse y enriquecer al lector con la palabra y dejarlo a la vez que callado pensativo.

Es el caso de cuando nos habla de Córdoba en primavera, como una explosión para los sentidos; porque el Haiku está hecho para contemplar, para detenerse, para entremezclar sentimientos abiertos hacia la naturaleza y la vida.

Al igual, ella trata el Senryu, con la misma sencillez y exclusividad.

Como dice José María Muñoz Quirós en uno de sus versos "porque duele vivir así callado frente al mundo" es por ello que intensamente Manuela nos habla del maltrato infantil:

> Hay vidas cortas
> que solo ven del mundo
> el sufrimiento.

Nos habla de Paz:

> Tendamos puentes
> anulemos barreras
> andemos juntos.

De mitología:

> Gusta al dios Baco
> el jugo de la viña:
> elixir mítico.

De amor y desamor:

> A cada paso
> la vida se renueva
> con el amor.

Sociales:

> Que a nadie falte
> la sangre de la tierra.
> El agua es vida.

Es necesario, por lo tanto leer el libro, deleitarse con estos cortos pero profundos poemas, donde Manuela ha puesto el alma y ese sentimiento tan bello y profundo que es su propia sensibilidad para hacer de ellos una obra de arte en sí.

Gracias, Manuela por confiar en mí a la hora de expresar mi opinión y espero que tu poesía se transforme en universal como la propia expresión de la belleza que transmiten tus versos.

Mari Cruz Garrido Linares

HAIKU

Ríen los campos
mientras lloran las nubes
sus cuitas cíclicas.

El viejo árbol
invitaba a los pájaros
a unirse en coro.

Se cubre el campo
con las nieves florales
de los almendros.

Se pavonean
entre verdes trigales
las amapolas.

Visten los árboles
con zarcillos colgantes
de las cerezas.

Vuelo de abejas,
incursión floral útil.
Néctar de dioses.

Esa espadaña
se convierte en hogar
en primavera.

Inoportuno
el canto de los grillos:
un corto sueño.

En el jardín
estaba rediviva
la lagartija.

El saltamontes
marchó alegremente
a tierra hostil.

Esa cigarra
sola quedó cantando:
nadie la oyó.

Despierta al día
el arrullo incesante
de las palomas.

Rugen las olas
mientras se desvanecen
en blanca espuma.

La mariposa,
es el sueño fugaz
de libertad.

Tras la ventana
un paisaje armiñado.
Gélido invierno.

En primavera
derraman las montañas
sus frías lágrimas.

¡Se acabó flor
tu paraíso libre!
Invernadero.

Paisaje verde,
árboles centenarios.
Los olivares.

Vuelan los gansos
siempre en comunidad.
Son protectores.

El colorido
de esos atardeceres
me subyugó.

Cantan los pájaros
murmullean las aguas
y la vida anda.

SENRYU

Mitológicos

Hoy diosas musas
os busco con anhelo,
mas estáis de huelga.

Se cambia a Cuco
para conquistar a Hera.
Zeus el Cretense.

Se hizo mortal
por un fallo de Tetis.
Héroe Aquiles.

Gusta al dios Baco
el jugo de la viña:
elixir mítico.

El ciego Homero
vio con sus epopeyas,
luz inmortal.

Desvía Eolo
las flechas de Cupido
en ocasiones.

Provoca Eolo
desatando su furia.
Aterrador.

Siempre que Eolo
sopla ligeramente
surge la vida.

45

Si Poseidón
se contraria, las aguas
el cielo alcanzan.

Sé más benévolo
Marte, dios de la guerra:
¡no nos destruyas!

Sabiduría,
que el hombre no la embote,
diosa Minerva.

El gran Ulises
sorteó mil peligros,
mas llegó a Ítaca.

¡Haz fértil Ceres
de humanidad los campos!
La frialdad mata.

Se aproxima Eos.
Ilumina tu aurora
con luz de paz.

Amor y Desamor

Ellos son premios
de las noches de amor.
Valió la pena.

No hay mal peor
que la ceguera de alma
en el amor.

55

Cuando en ti pienso
la hoguera del amor
se va avivando.

Me quedo a ciegas
cual oscuridad cósmica
cuando te alejas.

Hablo de ti
y mi lengua echa fuego
por tu traición.

A cada paso
la vida se renueva
con el amor.

Entonces fue
que la niebla lloró
tu desamor.

En esa calle
sembrada de magnolios
nos encontramos.

Está tu amor
como la economía,
ralentizado.

Caen las gotas
de tu ausencia en mi piel
del tiempo ajada.

Si tú me amaras
la existencia perfecta
sería un hecho.

Se abrió en tiempos
la puerta del olvido
entre nosotros.

¿Del amor, síntomas?
Mudar muchos semblantes
en poco tiempo.

A los amantes
les producía angustia
reencontrarse.

Escucho al viento
en la paz de la noche
decir tu nombre.

Quedó de piedra
tras esa despedida
cual fría estatua.

Gran nubarrón
en espacios exaltados.
Vivas pasiones.

Toda la música
de aquel amanecer
sonaba a gloria.

Ese perfume
que traía la noche
no era de paz.

Sentirse bien,
amar sin exigencias:
la libertad.

El equipaje
iba lleno de amor
para el camino.

73

Así te veo,
como una de las hojas
que arrastra el viento.

74

Bendita lluvia
que te llevas las lágrimas
que mi alma guarda.

Incompatibles
el amor y el egoísmo.
Ruptura previa.

Llega al pináculo
en lo que se propone.
Olvida amar.

Sueña la brisa
con besarte la piel
del sol áurea.

Sigues rodando
como canto de río
sin darte tregua.

Irrumpes siempre
cual fuerte granizada
y asolas todo.

Aromatizas
cual flor, todo el espacio
con tu bondad.

Busca el camino,
si nadas, no utilices
aguas inciertas.

Mi vida horadas
como el agua a la roca
con tu insistencia.

Miras, penetras
como rayo de sol
en nubes débiles.

Eres tan bella
que las flores te envidian.
Tu alma, lo es más.

Paz

El gallo canta
en los amaneceres
de un mundo cruel.

Tanto vivimos
la irracionalidad
que es duro el diálogo.

Ceder a veces
evita las tensiones
y pacifica.

Cambia, no sigas
el estéril desierto
de la discordia.

Quien templa la ira
y allana inconvenientes
es la humildad.

No respetarse
causa un efecto agónico
al convivir.

Sé generoso
regala tu sonrisa
todos los días.

91

Tendamos puentes,
anulemos barreras,
andemos juntos.

Amor al prójimo.
La historia interminable
de todo tiempo.

Sin inocencia.
La crueldad de la guerra
se la llevó.

Social

Que a nadie falte
la sangre de la tierra.
El agua es vida.

Ese acto tiene
un lamentable hedor
nauseabundo.

Pequeños régulos
del sistema económico.
Reparto inicuo.

Es un tesoro
la buena compañía:
algo exclusivo.

Diriges todo
con la gran maestría
del buen auriga.

Te ha traicionado
tu carácter hirsuto
y desconfiado.

Hay caracteres
imposibles de unir
como agua y fuego.

El insurgente
volvió a renovar
sus ideales.

Hay gentes que hablan
únicamente de ellos.
Los demás callan.

Algunos hechos
son tan corruptos
que huelen a muladares.

Regir un pueblo
es sentir sus problemas.
Empatizar.

Siempre cada año
la vida se renueva.
¿También el hombre?

Si observamos bien
veremos de la vida
su poesía.

Personal

Cuando el insomnio
se prolonga algo más
pienso en los Haiku.

Busco en la noche
cual vigía de estrellas
algo de luz.

En estos tiempos
siento anidar en mí
la incertidumbre.

III

Pese a la edad
quiero alcanzar mis metas.
Sigo soñando.

Cumplimos años
mas sigue la esperanza
en nuestra vida.

Llegan con ímpetu
deseos renovados.
Un tiempo nuevo.

De la niñez
los recuerdos felices
nos fortalecen.

Me realizo
si alcanzo mi objetivo
y toco el cielo.

Una reunión
que celebra el saber:
cultura viva.

Estamos juntos
compartiendo las letras.
Nuestros momentos.

Maltrato infantil

Silentes lágrimas
en soledad vertida:
¡pobre inocente!

Siempre lo mismo.
Llega a casa el jefe ebrio:
tiemblan los niños.

Duras palizas
que inmovilizan el cuerpo.
Desgarrador.

Gritos de horror
ante escenas violentas.
Vidas truncadas.

Suena la hebilla
de un duro cinturón.
Se esconde un niño.

Hay vidas cortas
que solo ven del mundo
el sufrimiento.

Noches de insomnio
alargando las horas.
La clase, pánico.

Niñas sin sueños,
mercancía sexual:
sin esperanzas.

No debe haber
rincón donde ocultarse
a quien maltrata.

A Córdoba

Tú llevas Córdoba,
ese perfume árabe
que impregna todo.

En primavera
explosión de sentidos:
patios de Córdoba.

Entre naranjos
despliega su fragancia:
blanco azahar.

Manuela Calderón Marín (Peñarroya–Pueblonuevo, Córdoba). Su labor como profesora la ha desarrollado principalmente en Priego de Córdoba.

Amante de la lectura y de la poesía, pertenece desde hace una década a la Asociación de Amigos de la Biblioteca de Priego, de la cual ha sido vicepresidenta, participando en el blog de dicha asociación. Así mismo, colabora en la revista La Ballesta de Papel con poemas y Haiku.

Su primer libro de Haiku, Momentos, fue editado en el año 2014 por el Excmo. Ayuntamiento de Priego de Córdoba.

Ha participado en el XV Encuentro de Poetas en Red y ha prologado el libro de poesía infantil Magicpoelandia de la poeta Mª Cruz Garrido Linares.

Siente fascinación por este tipo de poesía japonesa, dando lugar a la publicación de este segundo libro.